D1652719

Vorwort

Smartphones, Tablets und vernetztes Zubehör sind aus unserem Alltag nicht mehr wegzudenken. Nur wenige Jahre auf dem Markt, ersetzen sie schon heute Kameras, Navigationssysteme, Computer und mehr.

Sie verändern dabei in atemberaubender Geschwindigkeit unsere Art, wie wir über Raum, Zeit und Generationen hinweg miteinander kommunizieren.

Die Besonderheit dieser digitalen Revolution ist dabei die genial einfache Bedienbarkeit. Sie glauben uns nicht? Dann seien Sie gespannt auf die folgenden Seiten unserer kleinen Hilfestellung.

Wir versprechen Ihnen, Sie werden von den Möglichkeiten begeistert sein!

Angela und Andy Seidel

Android Smartphone
einrichten – verstehen – anwenden

am Beispiel des
Huawei P8 lite / Android 6.0

Bibliografische Information der Deutschen Nationalbibliothek:
Die Deutsche Nationalbibliothek verzeichnet diese Publikation in der Deutschen Nationalbibliografie;
detaillierte bibliografische Daten sind im Internet über http://dnb.dnb.de abrufbar.

© 2017 Angela und Andy Seidel
1. Auflage

Folgen Sie uns auf Facebook unter www.facebook.com/mocos.lauffen

Besuchen Sie uns im Internet unter
www.mocos.de

Besuchen Sie uns Offline
MoCoS GmbH – der Handyladen
Bahnhofstr. 21, 74348 Lauffen am Neckar

Herstellung und Verlag: BoD – Books on Demand, Norderstedt
ISBN: 9783744854276

Vielen Dank für die Unterstützung an Holger Schmidt, Ellhofen

Alle Rechte vorbehalten. **Kein** Teil dieses Buches darf in irgendeiner Form (Druck, Fotokopie oder einem anderen Verfahren) ohne schriftliche Genehmigung vom Autor reproduziert oder unter Verwendung elektronischer Systeme verarbeitet, vervielfältigt oder verbreitet werden.

Inhalt

Wichtige Daten, die Sie nicht verlieren dürfen 7

Einführung 9
- Das Betriebssystem Android 9
- Die Bedienoberflächen 9
- Wer soll sich das alles merken? 9
- Bedeutung für Sie persönlich 9

Das Grundprinzip „Smartphone" 10
- ✓ Übung „Bildschirm Time-Out verlängern" 13

Exkurs – Besonderheit der HUAWEI Statusleiste 15

Der Home Screen 16
Apps – Programme, Icons, Widgets und Ordner 17
- ✓Übung „Apps anordnen" 18
- ✓Übung „Apps entfernen" 19

Organisation von Screens und Widgets 21

Verbindungen zur Außenwelt 23
Die Einrichtung des WLAN 24
Exkurs – ein Google-Konto einrichten 26
Der Google Playstore zur App Verwaltung 34
- ✓Übung „App installieren" am Beispiel der MoCoS App 37
- ✓Übung „WhatsApp aus dem Playstore installieren" 41

Sicherheitsvorkehrungen 50

- PIN zum Schutz der SIM-Karte, PUK zum Schutz der PIN 50
- Verschlüsselung 50
- Gerätecode für Bildschirmsperre und Verschlüsselung 51
- Das Google Konto und App-Berechtigungen 51
- Virenscanner 52

Die Einstellungen 53

- Funkverbindungen 55
- Anzeigen und Töne 59
- Sicherheit und Unterstützung – Teil I 62
- ✓Übung: Die Bildschirmsperre einrichten 63
- Sicherheit und Unterstützung – Teil II 65
- Konten / Apps 66
- Sonstiges / weiteres 68

☺ Tipp: vollständige Datensicherung am PC 71

☺ Tipp: Das Google Konto im Browser bedienen 72

☺ Tipp: Google als Cloud Speicher – ausgelagerte Daten 73

☺ Tipp: Energiesparen / Energie verwalten 74

Glossar 75

- Basics 755
- Hardware und Funk Standards 756
- Internet Begriffe 77

Wichtige Daten, die Sie nicht verlieren dürfen

Diese Seite hilft Ihnen, die wichtigsten Daten zu sammeln. Bewahren Sie es sicher und vor allzu neugierigen Blicken geschützt auf.

Ihr Gerät	Marke / Typ: _____ IMEI-Nummer: _____
Google Konto	eMail-Adresse: _____ Passwort: _____
Bildschirm-sperre	○ ○ ○ ○ ○ ○ PIN: _____ ○ ○ ○ Passwort: _____
SIM Karte	Rufnummer: _____ Kartennummer: _____ SIM-PIN: _____ SIM-PUK: _____
WLAN	WLAN-Name (SSID): _____ WLAN-Passwort: _____

Einführung

Das Betriebssystem Android

Google ist Hersteller und Lizenzgeber von „Android". Diese Software ist notwendig, um die aus unzähligen, winzigen Bauteilen bestehenden Smartphones betreiben zu können. Dieses Betriebssystem bekommen Sie als Kunde nicht zusehen. Aber die Programmierer von Apps (Anwendungen) setzen hier sehr einfach neue Ideen darauf auf. So verwendet beispielsweise eine Taschenlampen-App das Fotolicht der Kamera.

Die Bedienoberflächen

Das ist der Teil der Software, den Sie sehen und buchstäblich anfassen können. Hersteller von Smartphones nutzen selten die von Google ebenfalls angebotene Bedienoberfläche.

Tatsächlich dient ihnen die Benutzeroberfläche um das eigene Produkt deutlich von den Produkten der Mitbewerber zu unterscheiden. Beispielsweise hat jedes Smartphone eine von Google programmierte Telefonfunktion – aber jeder Hersteller stellt die Funktion auf dem Display anders da.

Wer soll sich das alles merken?

An einem Smartphone ist nichts kompliziert. Es nur unheimlich viel, was man benutzen könnte. Denn für die Hersteller ist es am wirtschaftlichsten kleine Alleskönner zu entwickeln. Während Sie vielleicht gerne tolle Bilder machen möchten, verwaltet Ihr Nachbar lieber seine Schallplatten. Ihr Chef liest damit seine E-Mails, während seine Kinder lieber Nachrichten per WhatsApp tauschen.

Bedeutung für Sie persönlich

Überlegen Sie sich, was wichtig für Sie ist. Wenn Sie mit etwas Fleiß und Geduld die wichtigsten Funktionen sicher zu bedienen gelernt haben, können Sie sich in jede neue Anwendung (App) selbst einlernen. Denn jede neue App ist immer ähnlich zu bedienen wie Apps, die Sie schon kennen. Versprochen!

Das Grundprinzip „Smartphone"

Das Konzept heutiger Smartphones ersetzt bis auf ganz wenige Ausnahmen die echten Tasten durch einen berührungsempfindlichen Bildschirm.

An diesem Modell gibt es beispielsweise noch drei mechanische Tasten am rechten Rand.

a) „lauter" bzw. „hoch"

b) „leiser" bzw. „runter"

c) „Ein-/Aus" bzw. „Sperren/Entsperren"

HINWEIS: an anderen Modellen können die Tasten abweichend angeordnet sein und auch um weitere Tasten ergänzt sein.

Der Bildschirm (*Screen genannt*) ist nun Gleichzeitig für Ausgabe der Informationen (etwas *anzeigen*) und Annahme Ihrer Eingaben zuständig. (*Berührung bemerken*).

Beispielsweise können Sie hier:

(a) oben links die aktuelle Uhrzeit sehen

(b) durch antippen des Hörers die Telefonfunktion starten

(c) durch wischen von oben nach unten die sogenannte Statusleiste öffnen (hier grün unterstrichen)

Die unter (b) geöffnete Telefonfunktion sieht übrigens so aus. Auf dem Bildschirm wird das bekannte Tastenfeld eines Telefons eingeblendet. Die einzelnen Ziffern der gewünschten Rufnummer tippen Sie einfach an. Wenn Sie sie vollständig eingegeben haben, tippen Sie auf die grüne Hörertaste. Beendet wird das Gespräch wieder mit der nun roten Hörertaste.

Sämtliche heute verfügbare Smartphones werden dabei mit der Displayseite zum Ohr gehalten. Eingebaute Sensoren erkennen dies und verhindern Fehleingaben, die ansonsten durch Berühren des Bildschirms durch die Gesichtshaut entstehen können. Dabei können sich Pflegeprodukte auf dem Display ablagern und dessen Empfindlichkeit herabsetzen.

Nach dem Wischen von (ganz!) oben nach unten stellt sich die unter (c) erwähnte Statusleiste nun wie links abgebildet dar.

HINWEIS: Wir schreiben hier ganz bewusst von „Tippen", „Wischen" und „Berühren".

Sollten Sie stets „drücken" müssen, dann reinigen Sie bitte vorsichtig das Displayglas. Hierfür können Sie ein Brillenputztuch oder Mikrofasertuch verwenden. Spezielle Displayreiniger finden Sie im Handel. Bitte reinigen Sie Ihr Smartphones niemals nass!

Die wichtigsten (Bildschirm)Tasten befinden sich bei diesem Telefon am unteren Ende. Sie bilden das Grundkonzept der Bedienung eines modernen Smartphones.

 a) mit dieser Taste kommen Sie immer einen Schritt ZURÜCK

 b) mit der HOME Taste kommen Sie immer zurück auf den Startbildschirm, den sogenannten HOME SCREEN.

c) diese Taste zeigt eine ÜBERSICHT der zuletzt genutzten Anwendungen an.

Die Übersicht der letzten Programme läuft „nach rechts weiter". Sie können diese also nach links streichen, um weiter in der Historie zurück zu blättern. Mit „Streichen nach oben" können Sie einzelne Programme schließen. Durch Antippen des Papierkorbsymbols können Sie alle schließen, um Systemressourcen freizugeben.

Das Bedienkonzept von Android sieht aber nicht zwingend vor, Programme schließen zu müssen.

Bitte prägen Sie sich die drei Tasten ein:

ZURÜCK   HOME   ÜBERSICHT

✓ Übung „Bildschirm Time-Out verlängern"

Um wertvolle Energie zu sparen, schaltet das Smartphone den Bildschirm nach kurzer Zeit ohne Eingaben ab.

Diesen sogenannten Time-Out kann man in mehreren Stufen auf die persönlichen Vorlieben anpassen.

AKTION: tippen Sie auf das Icon „Einstellungen"

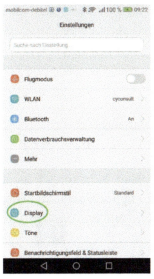

Im nun geöffneten Einstellungsmenü suchen Sie den Unterpunkt „Display". Möglicherweise müssen Sie dafür im recht umfangreichen Einstellungsmenü die Liste mit dem Finger etwas nach oben oder unten verschieben.

AKTION: tippen Sie den Unterpunkt „Display" an

Neben vielen weiteren Einstellungsoptionen finden Sie hier den Unterpunkt „Ruhezustand".

AKTION: tippen Sie bitte „Ruhezustand" an

In der jetzt erscheinenden Auswahlliste entscheiden Sie zukünftig über den Ihnen angenehmen Zeitraum bis zur Abschaltung.

Während Sie sich in die Möglichkeiten ihres Smartphone einarbeiten, bietet sich die Auswahl des Zeitfensters „10 Minuten" an.

AKTION: tippen Sie auf „10 Minuten"

HINWEIS: sofern das Smartphone nicht von selbst auf den Homescreen zurückspringt, tippen Sie einfach in der unteren Menüleiste die HOME Taste an.

Exkurs – Besonderheit der HUAWEI Statusleiste

Wenn Sie bei einem HUAWEI Smartphone die oben abgebildete Statusleiste mit einem Finger nach unten ziehen, dann öffnet sich die Statusleiste im ersten Schritt wie links abgebildet. Huawei nutzt hier den gesamten Bildschirm, um übersichtlich alle „Benachrichtigungen" aufzulisten.

Erst nach Antippen von „Verknüpfungen" erscheinen an Stelle der Benachrichtigungen die Zugriffsmöglichkeit auf die wichtigsten Einstellungen.

HINWEIS: Verlassen können Sie die geöffnete Statusleiste durch hochschieben oder drücken der **ZURÜCK** Taste oder der **HOME** Taste.

Der Home Screen

Als Home Screen wird die Startseite bezeichnet, zu der Sie nach dem drücken der HOME Taste gelangen.

Durch wischen mit einem Finger von einer auf die andere Seite, können Sie auf weitere Bildschirmseiten wechseln. Ob und wie viele dieser Bildschirmseiten es noch gibt, sehen Sie anhand der kleinen Punkte. In diesem Beispiel hat der Bildschirm noch eine weitere Seite links und zwei weitere Seiten rechts von der aktuellen Bildschirmseite.

Manchmal führt einmaliges drücken der HOME Taste erst auf einen anderen Screen. Dann bitte einfach erneut die HOME Taste drücken.

HINWEIS: Wenn Sie nicht „kurz tippen", sondern etwas länger auf einer leeren Stelle des Bildschirms bleiben, dann öffnet sich die Verwaltung der Screens (Bildschirmseiten). Die sich hier bietenden Möglichkeiten behandeln wir im entsprechenden Kapitel Organisation von Screens und Widgets dieses Buches detailliert.

An dieser Stelle ist für Sie wichtig zu wissen, man kann entweder die ZURÜCK Taste oder die HOME Taste verwenden, um versehentlich geöffnete Einstellungsmenüs wie dieses wieder zu verlassen. Sie müssen nichts schließen!

Apps – Programme, Icons, Widgets und Ordner

Alles, was Ihr Smartphone kann, ist in kleinen (Zusatz) Anwendungen programmiert. Diese Applikationen werden abgekürzt „App" genannt. Damit Sie diese Apps benutzen können, müssen Sie diese starten können. Das Betriebssystem sieht hierfür das Antippen von Symbolen vor.

a) Diese Symbole können statisch sein, also immer gleich aussehen, dann nennt man sie Icons.
b) Sie können aber auch als sogenannte Widgets einer steten Veränderung unterliegen. Dies macht beispielsweise bei der App für die Uhrzeit und den Wetterbericht Sinn.

In beiden Fällen gilt: Antippen öffnet die App, darauf bleiben ermöglicht optionale Aktionen.

Bei den statischen Icons gibt es noch eine Besonderheit. Während Widgets immer direkt auf einem Screen, also einer Bildschirmseite liegen müssen, können Icons auch in einem Ordner mit anderen Icons zusammen abgelegt werden.

a) hier liegt das Icon für den „Google Playstore" direkt auf dem Home Screen

b) durch das Aufeinander schieben zweier Icons entsteht an dieser Stelle automatisch ein Ordner. Wenn man weitere Icons auf diesen Ordner schiebt und fallen lässt, werden sie ihm hinzugefügt. So kann man mehrere Programme platzsparend und dennoch schnell erreichbar anordnen.

✓ Übung „Apps anordnen"

Legen Sie den Finger auf ein Icon, und lassen Sie ihn darauf liegen. (hier im Beispiel das Icon für die Playstore App).

Sobald das Icon grösser wird, können Sie nun den Finger beliebig auf dem Bildschirm liegend verschieben.

Das Icon wird Ihrem Finger überall hin folgen, so lange ihr Finger auf dem Display bleibt.

Sie können es auf einen freien Platz, auf ein anderes Icon, auf einen Ordner und sogar auf andere Bildschirmseiten schieben.

Lassen Sie es an der gewünschten Stelle los.

Folgende Veränderungen sehen Sie, wenn der Finger länger auf einem Icon liegen bleibt:

a) das Icon wird größer und ein grauer Umriss zeigt die Stelle im Bildschirm-Raster an, an der es sich jetzt beim Loslassen ablegen würde

b) der Ordner in diesem Beispiel zeigt an, noch freie Plätze zu haben. Lassen Sie das Icon auf ihm fallen, so sortiert es sich dort an der letzten Stelle ein.

c) Die Statusleiste zeigt an, keine Option zum Löschen anzubieten, da der Google Playstore eine unverzichtbare Systemanwendung ist.

✓ Übung „Apps entfernen"

Apps hingegen, die nicht System relevant sind, kann man ganz einfach durch verschieben des zugehörigen Icons in den Papierkorb löschen.

In diesem Beispiel demonstrieren wir das anhand der nicht benötigten Amazon-App.

Erneut bleiben Sie mit dem Finger auf der App um sie verschiebbar zu machen.

Diesmal schieben wir das Icon aber nicht auf einen freien Platz, sondern direkt zu dem kleinen Symbol des Papierkorbes in der Statusleiste.

Das Icon der Amazon App färbt sich mitsamt seiner unmittelbaren Umgebung bei Berührung mit der Statusleiste des Papierkorbes rot ein.

Wenn Sie das Icon nun loslassen, dann wertet das Smartphone dies als Wunsch die App zu deinstallieren – also vom Smartphone zu entfernen.

Aufgrund der Endgültigkeit dieser Entscheidung erscheint zur Sicherheit nochmals eine letzte Abfrage (siehe Unten).

Wenn Sie hier „Abbrechen" wählen, dann nimmt das Icon wieder seine letzte Position ein und die App bleibt auf Ihrem Smartphone installiert.

Wählen Sie hingegen „Deinstallieren", dann wird nicht nur das Icon vom Bildschirm entfernt, sondern die App vollständig von Ihrem Smartphone entfernt.

HINWEIS: Es ist leider uneinheitlich gelöst, wie mit von der App gespeicherten Daten verfahren wird. Manche Apps löschen beim Deinstallieren auch Ihre Daten, andere lassen diese im Speicher. Bitte prüfen Sie hierzu vor dem Deinstallieren die Einstellungen in der App.

Organisation von Screens und Widgets

Mit „Screens" wird die Ausdehnung des Bildschirminhaltes über das sichtbare Display hinaus bezeichnet. Ähnlich wie ein Buch viele Seiten hat, hat auch Ihr Smartphone mehrere verdeckte Bildschirmseiten.

Anstelle des Umblätterns bei einem Buch, tritt hier das zur Seite schieben des Bildschirms. In diesem Beispiel sind aus Platzgründen drei von vier Bildschirmseiten nebeneinander abgedruckt. Ihr Smartphone kann davon bis zu sieben haben.

Sie erkennen die tatsächliche Anzahl genauso wie die Seite, auf der Sie sich befinden, anhand der markierten Punkte.

Durch diagonales zusammenziehen zweier auf dem Display liegender Finger kommen Sie in Verwaltung dieser Screens.

Sie können hier weitere Screens hinzufügen, leere löschen, Hintergrundbilder einfügen, die Animation der Übergänge verändern und Widgets verwalten.

AKTION: gehen Sie in die Verwaltung der Screens und tippen Sie auf „Widgets"

Nun bietet das Smartphone verschiedene Widgets an, die wir auf einen freien Platz verschieben können. Da Widgets meist größer sind als die statischen Icons, lassen sie sich nur auf Screens verschieben, die über ausreichend freien Platz verfügen.

Hinweis: manche Widgets benötigen den Platz einer kompletten Seite. Sie belegen also einen kompletten Screen.

Hinweis: Widgets sind immer aktive Bestandteile einer App. Sie sind also nur nach Installation einer entsprechenden App verfügbar.

Verbindungen zur Außenwelt

Ihr Smartphone kann über unterschiedlichste Möglichkeiten Verbindung zur „Außenwelt" aufnehmen.

Mobilfunk: GSM / UMTS / LTE

Lokalfunk: WLAN

Kurzstreckenfunk: Bluetooth / NFC

Satellitenempfang: GPS

Kabelanschluss: USB-/OTG-Anschluss

Optischer Anschluss: Kamera / QR

SD-Kartenspeicher / SIM-Karten-Speicher

AKTION: antippen der EINSTELLUNGEN

Das **W**ireless **L**ocal **A**rea **N**etwork ist eine räumlich beschränkte Funkanbindung an einen meist privat betriebenen Internetanschlusspunkt – einen sogenannten WLAN-Router. Typische Produkte hierfür sind die „FRITZ!Box" von AVM und der „Speedport" der Telekom. Ihr Smartphone bekommt dann kostenfrei Zugang per Funk zum Internetanschluss des Routers und nutzt dadurch das Internet Ihres Festnetzes bzw. Ihres Kabelanschlusses

Im folgenden Kapitel wird die Einrichtung einer WLAN Verbindung durchgeführt.

AKTION: antippen des Unterpunktes WLAN

Die Einrichtung des WLAN

Nachdem WLAN ausgewählt wurde, sucht das Smartphone mit seinen Antennen nach Funkwellen von WLAN Routern. In Wohngebieten kann es durchaus 10 und mehr Netze anzeigen. Die Netze selbst sind nicht geheim. Der Zugang zu Ihnen wird aber in der Regel durch ein Passwort geschützt. Dies erkennen Sie an dem Vorhängeschloss-Symbol neben den symbolisierten Funkwellen.

In diesem Beispiel nutzen wir das Funknetz „MoCoS Gastzugang".

AKTION: antippen des gewünschten Funknetzes

Das ausgewählte Funknetz fordert nun durch Eingabe des zugehörigen Passwortes die Nutzungsberechtigung nachzuweisen. Dieses Passwort bestimmt der Inhaber des Netzes und kann jederzeit von ihm geändert werden.

1. AKTION: antippen des Auge damit das Passwort bei der Eingabe im Klartext angezeigt wird

2. AKTION: antippen des Eingabefeld und Eingabe des Passwortes mit Hilfe der nun erscheinenden Tastatur

3. AKTION: antippen des Buttons „Verbinden"

Die technisch notwendigen Vorgänge des Verbindens arbeiten Ihr Smartphone und der Router nun selbstständig miteinander ab.

HINWEIS: die meisten WLAN fähigen Produkte erwarten ein Passwort mit <u>mindestens</u> acht Stellen und oft mit einer Kombination aus mindestens Buchstaben und Zahlen. Manche erwarten sogar mindestens ein Sonderzeichen im Passwort. Deswegen sollten Sie immer ein mindestens 8 Zeichen umfassendes Passwort hinterlegen. Beispiele könnten sein:

„0123aBc?" oder „MoCoS20!7"

Nach ca. 5-15 Sekunden erscheint erneut die Übersicht der WLAN Netze. Diesmal sehen Sie aber an oberster Stelle das Netz, mit dem ihr Smartphone nun verbunden ist.

HINWEIS: bevor Sie umfangreiche Downloads starten, viele im Internet gespeicherte Bilder ansehen oder sogar Filme streamen (gleichzeitig herunterladen und ansehen), können Sie hier auch prüfen, ob und mit welchem Netz Sie aktuell verbunden sind. Denn vor allem Gastnetze verfügen meist über eine Zeitschaltung und lassen die Nutzung nur für eine begrenzte Dauer oder nur zu bestimmten Uhrzeiten zu.

Tipp: In Hotels und Gaststätten ist die kostenfreie WLAN Nutzung oft auf 30 oder 60 Minuten begrenzt! Details bitte immer an der Rezeption erfragen, um keine teure Überraschung zu erleben!

Exkurs – ein Google-Konto einrichten

Für die Nutzung eines Android Smartphone ist ein Konto bei Google unabdingbar.

Spätestens beim ersten Öffnen des Google Playstore werden Sie daher auf diese Eingabeaufforderung stoßen.

Sofern Sie nicht bereits ein Google Konto besitzen, wählen Sie hier bitte „oder ein neues Konto erstellen" aus.

Anschließend werden zur Eingabe des Vor- und Nachnamens aufgefordert.

Bestätigen Sie die Eingabe bitte mit „WEITER".

Das Geburtsdatum erwartet Google um Ihre Volljährigkeit prüfen zu können und um etwaige zukünftige Geschäftsfälle verifizieren zu können.

Die Geschlechtsangabe ist Ihnen freiwillig überlassen.

Bestätigen Sie die Eingabe bitte mit „WEITER".

Die „Kontonummer" bei Google ist gleichzeitig Ihre neue E-Mailadresse. Sie können hier Ihren Wunsch für den Bestandteil vor dem @-Zeichen eingeben.

Bestätigen Sie die Eingabe bitte mit „WEITER".

TIPP: halten Sie die Adresse einprägsam und kurz. Sie werden sie hin und wieder eingeben müssen.

In diesem Beispiel ist der gewünschte Name nicht mehr Verfügbar. Sie können nun weitere Wünsche testen, oder einen der von Google vorgeschlagenen Namen aus der Liste auswählen.

Deswegen haben wir uns hier für den untersten Vorschlag von Google entschieden und diesen ausgewählt.

Bestätigen Sie die Eingabe bitte mit „WEITER".

Nun zeigt uns das Display nochmals unsere Auswahl an, die wir mit „WEITER" bestätigen.

WICHTIG: Notieren Sie diese Adresse bitte auf der Seite 2 dieses Buches in der Zeile „Google-Konto"

In diesem Schritt fordert Google uns auf ein Passwort festzulegen. Dieses muss dann zweimal identisch eingegeben werden, bevor es durch Antippen von „WEITER" bestätigt werden kann.

WICHTIG: Notieren Sie dieses Passwort bitte auf der Seite 2 dieses Buches in der Zeile „Google-Passwort"

Nun wird die Mobilfunknummer Ihres Smartphones abgefragt.

Hier geben Sie bitte die korrekte Rufnummer der eingelegten SIM-Karte an. Bestätigen Sie die Eingabe erneut mit „WEITER".

Das nun erscheinende Abfragefenster dient zur letztmaligen Überprüfung der unbedingt korrekt anzugebenden Rufnummer durch Sie.

Der Hinweis auf etwaige entstehende Gebühren bezieht sich auf den Umstand, dass eine SMS zu empfangen unter bestimmten Umständen, zum Beispiel bei Aufenthalt im Ausland, in geringem Umfang kostenpflichtig sein könnte.

„BESTÄTIGEN" Sie die Eingabe bitte und warten Sie ein paar Sekunden bis Minuten das Eintreffen der SMS (Kurznachricht) von Google ab.

Hier sehen Sie oben links kurz eingeblendet den von Google empfangenen, einmaligen Bestätigungscode. Sie brauchen sich diesen nicht zu merken und auch sonst keine weiteren Schritte unternehmen. Das Smartphone liest diesen Code selbstständig aus und bittet Sie nun die Nutzungsbedingungen von Google zu bestätigen. Da diese recht umfangreich sind, tippen Sie bitte unten rechts auf „MEHR".

Tippen Sie bitte weiterhin unten rechts auf „MEHR".

Hinweis: Diese Bedingungen sind nicht änderbar. Die Nutzung der umfangreichen Google Dienste ist nur zu diesen Bedingungen möglich.

Nachdem Ihnen alle Seiten angezeigt wurden, bestätigen Sie die Bedingungen bitte mit „ICH STIMME ZU"

Die kurze Zusammenfassung der nun eingerichteten Dienste bestätigen Sie bitte erneut durch das Antippen von „WEITER"

Die Sicherung Ihrer Daten auf den Servern von Google ist standardmäßig aktiv und sollte auch so eingestellt bleiben.

Falls Sie gerne regelmäßig Nachrichten und werbliche Angebote von Google in Ihrem neuen E-Mailkonto empfangen möchten, können Sie dies hier aktivieren.

Bestätigen Sie Ihre Auswahl bitte mit „WEITER".

Im nun letzten Schritt der Einrichtung Ihres Google Konto können Sie nun auf Wunsch eine Bezahloption einrichten.

Da sich dies jederzeit nachholen lässt, raten wir Ihnen im Moment „Nein, danke" auszuwählen und mit „WEITER" zu bestätigen.

TIPP: im Mobilfunkfachhandel können Sie Gutscheine für den Google Playstore erwerben. Man kann mit diesen z.B. einmalig 15€ im Playstore einzahlen und damit den Kauf von kostenpflichtigen Inhalten und das Entfernen von Werbung in beliebten Apps testen.

Herzlichen Glückwunsch! Nun stehen Ihnen der Google Playstore und alle Google Dienste eng verzahnt zur Verfügung.

Sie können nun die prinzipielle Vorgehensweise zur Installation von Apps im vorherigen Kapitel üben.

Sie können aber auch im folgenden Kapitel direkt mit der Installation von WhatsApp aus dem Google Playstore weiter machen.

Der Google Playstore zur App Verwaltung

Der Playstore von Google ist die sicherste Quelle um weitere Apps und andere digitale Inhalte wie Musik, Filme und Bücher direkt auf ihr Smartphone zu laden. Gleichzeitig übernimmt der Playstore auch die Verwaltung von Apps, die Sie aktuell installiert haben oder früher schon einmal installiert hatten.

AKTION: antippen des Google Playstore

HINWEIS: Sollten Sie nach Antippen des Playstore aufgefordert werden ein Google-Konto anzulegen, dann gehen Sie bitte in diesem Handbuch auf das direkt folgende Kapitel. Nur als Nutzer eines Google Konto steht Ihnen der Playstore zu Verfügung!

Der Google Playstore ist im Erscheinungsbild leider etwas verschachtelt (Stand März 2017). Die auf den ersten Blick einfach nur bunte Seite bietet mehrere Ebenen und Verzweigungen an

a) Menü Symbol zur Inhalte Verwaltung

b) Suchfenster für Apps und Inhalte

c) Werbung

d) Sortierkriterien

e) Konkrete Vorschläge

Vorweg schauen wir uns an, wie der Playstore von Google die bereits installierten Apps verwaltet.

Nach antippen des a) Menü Symbol erscheint die links abgebildete Auswahlleiste.

Nach anschließendem antippen des Eintrages „Meine Apps und Spiele" erscheint eine lange, vollständige Liste aller Ihrer installierten Apps.

AKTION: antippen des Menü Symbol

AKTION: antippen „Meine Apps und Spiele"

In dieser hier abgebildeten Liste können Sie eine weitere Besonderheit des Android Betriebssystem erkennen

Apps (Anwendungen) bieten sich automatisch zur Aktualisierung an (Update). Im Gegensatz zu anderen Systemen müssen Sie also nicht selbst prüfen, ob und wie häufig Teile Ihres Smartphones Updates benötigen.

Im Gegenteil hat es sich sogar positiv bewährt, die Updates jederzeit automatisch durchführen zu lassen.

Denn die Programmierer der Apps beheben kleinere und größere Auffälligkeiten sehr häufig und zeitnah.

Wenn nun anschließend alle Apps auf dem neuesten Stand sind, werden die zuletzt aktualisierten Apps immer oben angeordnet.

HINWEIS: Wenn Sie in dieser Übersicht eine App antippen, öffnet sich eine detaillierte Darstellung. Die meisten Programmierer geben hier einen kleinen Einblick über die Versionshistorie und warum das Update notwendig war.

HINWEIS: Eine aus dem Google Playstore installierte App kann sich durch ein Update keine weiteren Zugriffsrechte erschleichen. Benötigt eine App weitere Rechte, so werden Sie ausdrücklich darauf hingewiesen und um aktive Freigabe gebeten.

Für die folgende Übung gehen wir nun zurück auf die Startseite des Google Playstore und tippen in das anfangs mit b) bezeichnete Suchfenster.

HINWEIS: Die Vorgehensweise bei den beiden Übungsbeispielen zur Installation sind stellvertretend für fast alle anderen Apps im Playstore anwendbar.

✓ Übung „App installieren" am Beispiel der MoCoS App

Nach antippen des Suchfensters erscheint im unteren Bereich eine Tastatur. Spätestens mit Eingabe der ersten Buchstaben öffnet sich unter dem oben angeordneten Suchfenster eine Liste mit Vorschlägen, die zu unserer Eingabe passen.

In diesem Beispiel hier geben wir „Fullservice" ein und tippen dann auf die Lupe unten links.

AKTION: geben Sie mit Hilfe der Tastatur „Fullservice" in die Suchleiste ein

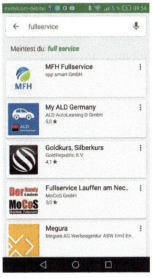

Aus den angebotenen Vorschlägen wählen wir „Fullservice Lauffen / MoCoS" aus.

AKTION: tippen Sie auf die MoCoS App

In der nun angezeigten Übersicht können wir die Anzahl der bereits erfolgten Installationen und die durchschnittliche Bewertung dieser App erkennen.

HINWEIS: würden Sie stattdessen „WEITERE INFORMATIONEN" antippen, erscheint eine detaillierte Vorstellung der App. Diese enthält sowohl eine Beschreibung des Anbieters, als auch einen Bewertungsspiegel anderer Nutzer.

Je mehr Nutzer eine Anwendung installiert und mit maximal 5 Sternen bewertet haben, um so vertrauenswürdiger scheint die App zu sein.

AKTION: tippen Sie „INSTALLIEREN"

Die App wird nun aus dem Google Playstore (im Internet) heruntergeladen. Im Bild links sehen wir den Fortschritt dieses sogenannten Downloads. Dieser Fortschritt wird in Prozent und in Datenvolumen angegeben.

HINWEIS: eine Angabe des Fortschritts in Zeiteinheiten ist nicht sinnvoll, da diese Zeit maßgeblich von der Qualität Ihrer Funkverbindung und der Anzahl der Nutzer in Ihrem Gebiet abhängig ist.

Nachdem der Google Playstore den DOWNLOAD abgeschlossen hat, wird die ausgesuchte App direkt im Anschluss automatisch installiert.

Auch dies macht der Google Playstore ohne Eingriff von Ihnen innerhalb weniger Sekunden bis Minuten.

Sobald eine App vollständig installiert wurde, können wir sie direkt starten. Ein Smartphone muss nur selten nach einer Installation neu gestartet werden. Sollte es bei systemrelevanten Apps ausnahmsweise einmal notwendig sein, wird dies ausdrücklich auf dem Bildschirm angezeigt.

AKTION: tippen Sie „ÖFFNEN"

Die geöffnete App nimmt nun den ganzen Bildschirm ein. Die Übung beenden wir an dieser Stelle und gehen zurück auf den Homescreen.

AKTION: tippen Sie die HOME Taste an

Die frisch installierte App hat nun einen freien Platz auf einem der Bildschirme eingenommen. Wie jedes andere Icon und Widget auch kann sie nun beliebig verschoben werden.

AKTION: üben Sie das Installieren mit weiteren Apps. Mögliche Beispiele sind:

- clever-tanken
- ES Datei Explorer
- Snapseed
- QR Droid

✓ Übung „WhatsApp aus dem Playstore installieren"

Die Installation von WhatsApp erfordert auch eine umfangreiche Ersteinrichtung mit Autorisierung. Wir widmen der Installation von WhatsApp daher ein eigenes Kapitel, ohne dabei auf die spätere Bedienung einzugehen.

AKTION: antippen des Suchfensters im Google Playstore. Suchen Sie nach „WhatsApp" und wählen Sie es aus.

In der nun angezeigten Kurzvorstellung wählen wir hier „INSTALLIEREN".

HINWEIS: würden wir stattdessen „WEITERE INFORMATIONEN" antippen, erscheint eine detaillierte Vorstellung der App. Diese enthält sowohl eine Beschreibung des Anbieters, als auch einen Bewertungsspiegel anderer Nutzer.

Anhand des kleinen Fortschrittbalkens im mittleren Bildschirmbereich können Sie erkennen, wie viele der zur Installation benötigten Daten Ihr Smartphone bereits aus dem Internet heruntergeladen hat. Dies kann je nach App und Funkverbindung wenige Sekunden aber auch mehrere Minuten dauern.

Nachdem der Google Playstore den sogenannten DOWNLOAD abgeschlossen hat, wird die ausgesuchte App direkt im Anschluss automatisch installiert. Auch dies macht der Google Playstore ohne Eingriff von Ihnen innerhalb weniger Sekunden bis Minuten.

Nach der vollständigen Installation einer App bietet uns der Google Playstore nun an die Anwendung zu öffnen.

HINWEIS: Wenn wir nun ÖFFNEN auswählen, verlassen wir automatisch den Google Playstore und befinden uns anschließend in WhatsApp.

HINWEIS: Die folgende Einrichtungsprozedur von WhatsApp erscheint nur beim ersten Start.

Beim ersten Start von WhatsApp können wir nur fortfahren, wenn wir den Nutzungs- und Datenschutzbestimmungen zustimmen. Andernfalls bricht die Installation ab.

Bei höheren Android Versionen wird während der Installation und Nutzung von Apps bei jeder Berechtigungsstufe einzeln nachgefragt, ob man der Anwendung diese Recht einräumen möchte.

Hier fragt das Smartphone nach, ob WhatsApp generell auf Medien Dateien zugreifen darf. Konkret hier, ob WhatsApp auf Sprachnachrichten, Bilder, Videos, etc. zugreifen und diese auch speichern darf.

HINWEIS: diese Zugriffsrechte sind für eine reibungslose Funktion notwendig und sollten bei Apps, denen man vertraut, immer gewährt werden. Berechtigungsanfragen stellen sicher, dass keine App sich heimlich Rechte „erschleichen" kann – auch nicht durch ein automatisches Software-Update!

Im nächsten Schritt fragt das Smartphone nach, ob WhatsApp auch auf Dateien zugreifen darf, die auf der zusätzlichen (optionalen) Speicherkarte abgelegt wurden, statt direkt im Smartphone.

HINWEIS: bei früheren Android Versionen werden fast alle Berechtigungsanfragen in einer Anfrage gebündelt. Dies erscheint auf den ersten Blick komfortabler. In der Umkehrung kann man jedoch nicht gezielt einzelne Rechte wieder entziehen. Beispielsweise könnte man am Schluss testen, ob die App für die eigenen Bedürfnisse auch dann funktioniert, wenn sie nicht auf die Speicherkarte zugreifen darf.

Obwohl WhatsApp ausschließlich über das Internet arbeitet, muss die App fest an eine Rufnummer gebunden werden. Im Regelfall geben Sie hier die Rufnummer der SIM Karte ein, die sich in Ihrem Smartphone befindet.

Das Land und die wahrscheinliche Internationale Vorwahl sind bereits eingeblendet. Bitte geben Sie hier Ihre Handynummer ein.

Nun fragt WhatsApp nochmals nach, ob dies die gewünschte Rufnummer zur Verknüpfung ist. Wenn wir dies mit OK bestätigen sendet der WhatsApp Server einen nur ein einziges mal benötigten Code per SMS an diese Rufnummer.

HINWEIS: WhatsApp kann je Rufnummer nur einmal genutzt werden. Die App muss aber nicht zwangsläufig auf dem zugehörigen Handy laufen. Beispielsweise könnte das Sekretariat ein Tablet mit der WhatsApp Rufnummer des Chefs verwalten. So kämen Anrufe auf seinem Smartphone an, aber WhatsApp Nachrichten an die selbe Nummer auf dem Tablet in der Firma.

Der WhatsApp-Server sendet den nur einmal benötigten Bestätigungscode per SMS an die angegebene Rufnummer. Da wir WhatsApp zuvor die Rechte gegeben haben, auf das Smartphone zuzugreifen, liest die WhatsApp-App diesen Code selbständig im Posteingang aus und führt die Installation zu Ende.

HINWEIS: Sofern die zuvor geschilderte Konstellation eingerichtet wird, dass WhatsApp nicht auf demselben Smartphone genutzt werden soll wie die zugeordnete Rufnummer, dann muss der per SMS empfangene Code von dort abgelesen und hier manuell eingetragen werden.

Falls WhatsApp Datensicherungen von früherer Nutzung findet, bietet es an, diese Daten auf dem jetzigen Smartphone wiederherzustellen.

HINWEIS: dieser Schritt der Einrichtungsprozedur erscheint nur, wenn die WhatsApp-Anwendung und deren Datensicherung für die selbe Rufnummer schon einmal genutzt wurde - z.B. auf Ihrem früheren Handy.

Die Wiederherstellung des Backups kann je nach Umfang und Netzverbindung zwischen wenigen Sekunden und einigen Minuten Zeit in Anspruch nehmen.

HINWEIS: auch dieser Schritt der Einrichtungs-prozedur erscheint nur, wenn WhatsApp für die selbe Rufnummer schon einmal genutzt wurde.

Hier tragen Sie nun Ihren gewünschten Profilnamen ein. Dieser wird Ihrem gegenüber später angezeigt, sofern er Sie nicht schon selbst im eigenen Telefonbuch gespeichert hat.

HINWEIS: WhatsApp gleicht zugeordnete Rufnummern und die auf dem Smartphone gespeicherte Kontakte regelmäßig selbstständig miteinander ab. Sie selbst sehen später bei Ihren Kontakten, ob diese auch WhatsApp nutzen. In der Umkehrung sehen alle WhatsApp Nutzer, die Ihre Rufnummer im Adressbuch gespeichert haben, dass Sie nun auch WhatsApp nutzen.

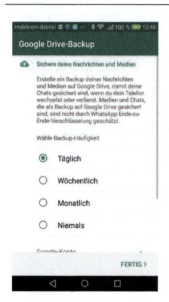

WhatsApp bietet nun an die Konversationen regelmäßig auf den Servern von Google zu sichern.

HINWEIS: nur als Nutzer eines Google Konto steht Ihnen dieser von Google im Internet verschlüsselt bereitgestellte Speicherplatz kostenfrei zu Verfügung. Die Einrichtung des Google Konto finden Sie im direkt vorangegangenen Kapitel beschrieben.

Im Gegenzug fragt nun das Google Konto ebenfalls ab, ob es WhatsApp zukünftig erlauben soll, Datensicherungen im Google Konto zu verwalten.

HINWEIS:

Die Einrichtungsprozedur von WhatsApp ist nun abgeschlossen.

Die fertig installierte App steht Ihnen nun zur Verfügung.

AKTION: Verlassen von WhatsApp durch antippen der **HOME** Taste

WhatsApp wird nun, wie jede App, durch ein eigenes Icon auf dem Bildschirm dargestellt.

Sicherheitsvorkehrungen

Ein Smartphone könnte in vielerlei Hinsicht ein Sicherheitsrisiko sein. Damit es dies nicht wird, erklären wir Ihnen in diesem Kapitel die wichtigsten Begriffe und Einstellungen.

- PIN zum Schutz der SIM-Karte

Die im Smartphone eingelegte SIM-Karte ist quasi eine Kreditkarte Ihres Netzbetreibers. Sie „belasten" diese durch die Nutzung, er rechnet einmal mit Monat mit Ihnen rückwirkend ab. Damit dies niemand „auf Ihre Rechnung" tun kann, wird beim Einschalten die PIN verlangt. (Persönliche Identifikations-Nummer).

- PUK zum Schutz der PIN

Wird die PIN dreimal falsch eingegeben, sperrt sich die SIM zum Schutz gegen unbefugte Nutzung. Statt der PIN wird nun der übergeordnete PUK abgefragt (Personal Unblocking Key). Nach Eingabe der PUK wird ihr Smartphone Sie zur Eingabe einer neuen PIN auffordern. Die seitherige PIN wird in diesem Schritt nicht akzeptiert werden.

HINWEIS: Im Einstellungsmenü des Smartphone finden Sie unter dem Pfad „Erweiterte Einstellungen -> Sicherheit -> SIM-Sperre Einrichten" die Option, ihre PIN auf eine gewünschte Ziffernfolge (wieder) zu ändern.

- Verschlüsselung

Im Menü „Sicherheit" bietet Ihr Smartphone an, sämtliche darauf gespeicherten Daten zu verschlüsseln und auch neue Daten nur noch verschlüsselt zu speichern. Dies macht sich für Sie durch eine gelegentlich minimal langsamere Reaktionszeit bemerkbar. Im Gegenzug können dafür ohne den im Folgenden beschriebenen Gerätecode die Daten Ihres Smartphone von Niemand mehr ausgelesen werden. Auch nicht mit externer Zusatzsoftware oder durch das Ausbauen von Speicherbauteilen.

- <u>Gerätecode für Bildschirmsperre und Verschlüsselung</u>

Ist Ihr Smartphone einmal eingeschaltet, wäre ein unbegrenzter Zugriff möglich. Dies wird durch eine zusätzliche Bildschirmsperre verhindert. Ein bereits eingeschaltetes Smartphone kann dann nur bedient werden, wenn der Bildschirm „entsperrt" wird. Im Rahmen der Ersteinrichtung empfehlen wir die gleiche PIN zu verwenden, die auch die SIM Karte entsperrt. Versierte Nutzer können auch verschiedene PINs nutzen, echte Passwörter, einfache Muster (Fingerbewegung) oder aber auch die PINs und Sperren automatisiert oder generell ausschalten.

- o **Streichen**   jeder kann die Sperre wegwischen
- o **Muster + PIN**   nur wer das Muster oder die PIN kennt kann entsperren
- o **PIN**   nur wer die nummerische PIN kennt kann entsperren
- o **Passwort**   entsperren nur mit alphanummerischem Passwort

HINWEIS: neben diesen wichtigsten Sicherheitsoptionen gibt es noch feiner skalierbarere Möglichkeiten. Die Bildschirmsperre könnte auch Ihr Funknetzwerk zu Hause, Ihr Auto und weitere Optionen berücksichtigen. Manche Smartphones erkennen Ihre Stimme, Ihren Fingerabdruck, Ihr Gesicht oder tasten die Iris Ihrer Augen ab.

- <u>Das Google Konto und App-Berechtigungen</u>

Google als Hersteller des Betriebssystems ist sich der Verantwortung und den Möglichkeiten der steten Vernetzung mit dem Internet bewusst und greift dieser Verantwortung folgend sehr tief ein. Aktuelle mit einem Google Konto verbundene Smartphones sind ohne Kenntnis des Google Passwortes unbrauchbar. Allerdings gilt dies auch für den rechtmäßigen Besitzer! Google als internationaler Konzern ist keine Behörde, bei der man gegen Ausweiskopie neue Passwörter beantragen könnte. Achten Sie daher bitte auf eine vollständig ausgefüllte Liste Ihrer Daten am Anfang dieses Buches und heben Sie diese gut auf!

Belohnt wird dies durch Google mit der Sicherheit Ihres Produktes und einem sehr eng verzahnten Zusammenspiel aller Google Dienste. Bis hin zu der Möglichkeit, Ihr Telefon bei Verlust über das Internet zu sperren, oder selbst bei lautlosem Betrieb deutlich hörbar läuten zu lassen.

- Virenscanner

Das Betriebssystem Android ist prinzipiell deutlich sicherer konzipiert als gängige Betriebssysteme an Personal Computern (PCs). Die Gefahren durch unbemerkt eingeschleuste Viren und Trojaner ist momentan noch deutlich geringer. Andererseits macht die tiefe Personalisierung der Smartphones diese zukünftig als Angriffsziel sehr viel interessanter. Selbst wenn Sie auf Ihrem Smartphone nichts sicherheitsrelevantes gespeichert haben sollten, könnte es zu kapern für Kriminelle durchaus interessant sein. Stellen Sie sich vor, jemand schafft es von Ihrem Smartphone eine SMS mit folgendem Inhalt an alle Ihre Bekannten zu senden: „Habe mich ausgesperrt, weißt Du noch wo ich beim letzten mal den Hausschlüssel für den Notfall versteckt hatte?"

Ein vorsorglich installierter Virenscanner wird regelmäßig mit Updates versorgt werden. Die Chance, vor noch unbekannten Bedrohungen zuverlässig geschützt zu sein, sollte Ihnen einen kleinen jährlichen Betrag wert sein.

Sehr gute Erfahrungen haben wir mit den Produkten von Norton und ESET gemacht. Sie finden die Apps „Norton Antivirus & Sicherheit" und „ESET Mobile Security & Antivirus" im Google Playstore. Beide Apps können kostenfrei installiert und getestet werden, bevor Sie nach ein paar Wochen gefragt werden, ob Sie die App kaufen möchten.

Die Einstellungen

Nach antippen des Icons für die Einstellungen öffnet sich eine umfangreiche Liste mit Menü Einträgen. Wir zeigen Ihnen die wichtigsten Unterpunkte in den folgenden Bereichen auf

- Funkverbindungen
- Anzeige & Töne
- Sicherheit und Unterstützung
- Konten / Apps
- Sonstiges bzw. weiteres

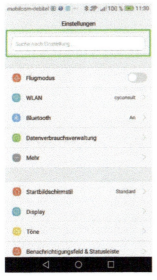

HINWEIS: Einstellungen suchen

Hinter jedem Thema verbergen sich weitere Bildschirmseiten. Konkrete Einstellungspunkte können unter Umständen erst auf einer zweiten, dritten oder gar vierten Unterseite zu finden sein.

Daher gibt es an oberster Stelle der EINSTELLUNGEN ein Eingabe- bzw. Suchfenster.

Wörter, die Sie hier eingeben, lösen eine Suche innerhalb des Einstellungsmenüs aus.

Die Eingabe von „Passwort" im Suchfenster listet beispielsweise fünf Themenbereiche auf. Durch einfaches Antippen kann direkt zu diesen Auswahlpunkten gewechselt werden.

Hier springen wir durch antippen des Eintrages „Passwörter" direkt in die dritte Ebene von

→ EINSTELLUNGEN

→ ERWEITERTE EINSTELLUNGEN

→ SICHERHEIT

→ <u>Passwörter sichtbar</u>

Alternativ hätten wir uns durch die unten abgebildete Billschirmfolge tippen können.

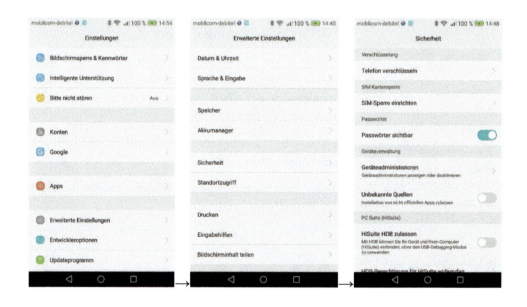

- Funkverbindungen

Im ersten Abschnitt der Einstellungen werden die Einstellungen und Informationsabfragen zu den unterschiedlichsten Funkverbindungen zusammengefasst.

Direkt Ein- und Ausschalten können Sie hier den "Flugmodus" bzw. „Flugzeugmodus". Gemeint ist damit die generelle Abschaltung aller Funkverbindungen, wie es lange Zeit in allen Flugzeugen Vorschrift war.

Bei aktiviertem Flugmodus sind keinerlei Anrufe, Nachrichten und Internetverbindungen mehr empfangbar. Das Smartphone bleibt dabei aber voll bedienbar und kann weiterhin auch zum Spielen, Musik hören und lesen verwendet werden.

Ein- / Ausschalten von WLAN

Übersicht, Auswahl und Einstellungen zu verfügbaren und zu bekannten WLAN Netzwerken.

HINWEIS: Sobald Ihr Smartphone eine autorisierte Verbindung zu einem WLAN hat, wird es immer bevorzugt über dieses die benötigten Internetverbindungen nutzen.

Ein- / Ausschalten von Bluetooth

Übersicht, Auswahl und Einstellungen zu verfügbaren und zu bekannten Bluetooth Gegenstellen.

Hier kann dem eigenen Smartphone ein eigener Bluetooth-Name gegeben werden. Dies ist insbesondere dann hilfreich, wenn im direkten Umfeld mehrere Personen das gleiche Smartphone Modell nutzen.

Datenverbrauchsverwaltung

Hier sind Einstellungen zu den Mobilfunkdatennetzen möglich, um das kostenpflichtige monatliche Kontingent möglichst sinnvoll zu nutzen.

Insbesondere die Datenverbrauchsbewertung gibt wertvolle Hinweise, welche Apps am intensivsten mobile Datenverbindungen nutzen.

Die oben erwähnte Datenverbrauchsbewertung listet die Apps unter Angabe des Verbrauchs im ausgewählten Bewertungszeitraum auf.

Hinter dem Menüpunkt "Mehr" finden sich weitere Einstellungen zu Netzen und deren Nutzung in Sonderfällen.

Im regulären Betrieb kann der Unterpunkt Mobilfunknetz für Sie interessant sein.

Nach antippen erscheint die unten abgebildete Übersicht.

HINWEIS: sollten Sie ungeachtet möglicher Kosten eine bestmögliche Internetverbindung benötigen, können unter „Link+" bzw. „WiFi+" dem Smartphone ermöglichen die Netznutzung aus rein technischer Perspektive zu optimieren.

Mit Hilfe des Punktes "Daten-Roaming" können Sie dem Smartphone bei Nutzung ausländischer Netze die Internetnutzung in fremden Netzen gezielt verweigern.

Mit dem darüberstehenden Eintrag „Mobile Daten" können Sie generell die Internetnutzung in Mobilfunknetzen deaktivieren (auch dem Eigenen).

Die Nutzung des WLAN bleibt von allen hier aufgeführten Einstellungspunkten unberührt!

- Anzeigen und Töne

Der zweite Block der Einstellungen fasst die Themen zusammen, wie Sie Ihr Smartphone wahrnehmen. Also Helligkeit, Farben, Anordnungen, Informationsdichte und Klänge inklusive Lautstärke der unterschiedlichsten akustischen Signale.

Unter "Startbildschirmstil" kann eine massiv reduzierte „einfache" Bedienoberfläche aktiviert werden.

Der einfache Stil reduziert die Funktionen auf ein Mindestmaß und macht aus dem Smartphone gewissermaßen ein „einfaches" Telefon mit nur einer Bildschirmseite und sehr reduziertem Funktionsumfang.

HINWEIS: Die Umschaltung verändert keine Ihrer getroffenen Einstellungen. Manche Menschen schalten je nach Situation für eine einfachere Bedienung zeitweilig auf diese Ansicht um.

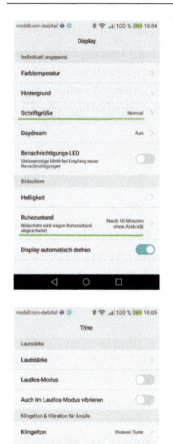

Von den vielen Einstellmöglichkeiten zum Display möchten wir zwei besonders hervorheben.

Zum einen können Sie hier die generelle „Schriftgröße" verändern

Zum anderen können Sie hier unter „Ruhezustand" den eingangs behandelten Bildschirm-Timeout verändern. Das Display und seine Beleuchtung sind mit unter den stärksten Energieverbraucher. Die zu Ihrer Nutzung passende, kürzest mögliche Zeit bis zum Ruhezustand hat deutlichen Einfluss darauf, wann Ihr Smartphone wieder mit Strom geladen werden muss.

Im Bereich „Töne" finden Sie eine Vielzahl an Möglichkeiten der Individualisierung.

Unter Benachrichtigungsfeld & Statusleiste können Sie den unten abgebildeten Benachrichtigungsmanager öffnen.

Im „Benachrichtigungsmanager" können Sie zu jeder App festlegen, ob diese im normalen Betrieb Benachrichtigungen auf dem Smartphone einblenden dürfen. Wenn Sie beispielsweise E-Mails nur zu Hause in Ruhe lesen möchten, dann können Sie die für Sie unnötigen Hinweise auf neue E-Mail Nachrichten hier abschalten.

- Sicherheit und Unterstützung – Teil I

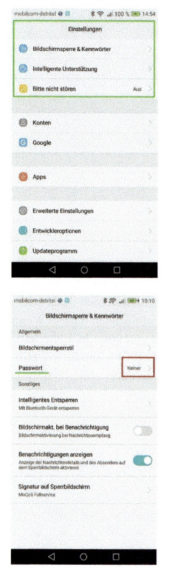

Im Themenblock für Sicherheit und Unterstützung finden sich einerseits Einstellungen, die eine Bedienung durch Fremde verhindern. Sie finden hier aber auch Einstellungen, die Ihnen die Bedienung vereinfachen und manche Schritte sogar automatisieren.

Unter Bildschirmsperre & Kennwörter finden Sie die Einstellungen zum Verhalten des Smartphone während der Bildschirm gesperrt ist.

Hier wird auch der im Kapitel „Sicherheitsvorkehrungen" angesprochene Schutz gegen unbefugte Nutzung eingerichtet.

In dieser Ansicht erkennen Sie den fehlenden Schutz an dem Eintrag „Passwort – Keiner"

Dies ändern wir nun gegen den Schutz durch eine PIN.

Bitte tippen Sie hierzu auf „Passwort"

✓ Übung: Die Bildschirmsperre einrichten

Aus den möglichen Passwort-Optionen wählen wir hier nun „PIN" aus.

HINWEIS: wir empfehlen die selbe PIN zu verwenden, mit der Sie auch die SIM Karte gegen fremde Nutzung gesichert haben. So müssen Sie sich nur eine PIN merken. Noch sicherer ist es aber, hier eine andere zu nutzen.

Die gewünschte PIN geben Sie nun bitte ein und bestätigen dies mit „Weiter".

HINWEIS: Ob Sie das „Weiter" des Bedienschrittes verwenden oder das „Weiter" der Tastatur ist unerheblich.

Die gewünschte PIN geben Sie nun zur Sicherheit bitte ein Zweites mal identisch ein und bestätigen Ihre Eingabe erneut.

HINWEIS: erneut ist es unerheblich, ob Sie das „OK" des Bedienschrittes verwenden oder das „Weiter" der Tastatur.

Zurück in der Übersicht sehen wir nun den geänderten Eintrag hinter „Passwort". Er lautet nun nicht mehr „Keiner", sondern „PIN".

HINWEIS: die Optionen dieser Einstellungen werden im Kapitel „Sicherheitsvorkehrungen" dieses Buches behandelt.

- Sicherheit und Unterstützung – Teil II

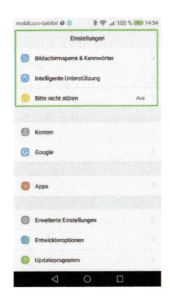

Nach dem Einrichten der Bildschirmsperre sind wir nun wieder im Menü der Einstellungen.

Den Bereich „Bitte nicht stören" können Sie nutzen, um ständig oder während einer gewissen Zeitdauer nur von Kontakten und Ereignissen erreicht / unterbrochen zu werden, denen Sie dies ausdrücklich ermöglichen möchten.

Im Bereich „Intelligente Unterstützung" möchten wir die zwei unten erläuterten Unterpunkte besonders hervorheben.

Durch „Geplantes Ein-/Ausschalten" können Sie festlegen, dass sich Ihr Smartphone zu einer bestimmten Uhrzeit „abends" von selbst abschaltet und „morgens" selbstständig wieder aktiviert.

HINWEIS: die Abschaltung erfolgt nur im Ruhezustand, also nicht wenn der Bildschirm noch aktiv ist. Nach der automatischen Einschaltung ist die Mobilfunkfunktion erst nach aktiver Eingabe der PIN wieder aktiv!

Der „Taschenmodus" sollte eingeschaltet sein. Er verhindert versehentlich ausgelöste Bedienschritte, wenn Ihr Smartphone Display z.B. in einer Tasche von Gegenständen berührt wird.

- Konten / Apps

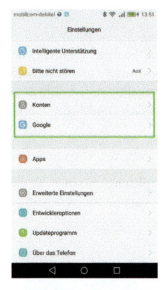

Manche Apps dienen als Bedienoberfläche für eigentlich Internetbrowser-/serverbasierte Anwendungen. „Konto" ist dabei durchaus wörtlich zu nehmen. So wie eine Bank Ihr Geld verwaltet, verwalten diese Konten Ihre Daten. Informationen und Funktionen werden dabei in das Internet ausgelagert. Bekannte Beispiele hierfür sind soziale Netzwerke wie Facebook, Twitter, Evernote und Xing.

Im Bereich „Konten" werden unter anderem die Einstellungen vorgenommen, wie oft und in welchem Umfang die App mit den Inhalten im Internet synchronisiert werden. Im Regelfall müssen Sie hier keine Einstellungen vornehmen.

Ein Sonderfall ist das „Google Konto". Zusätzlich zu den oben genannten Synchronisations-Einstellungen für Kontakte/Adressen, Kalender, Mails, Fotos, Musik, und Apps sind auch eine Vielzahl weiterer Einstellungen am Smartphone einstellbar.

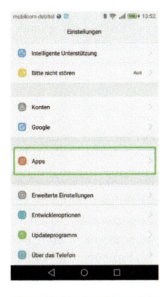

Ebenfalls unter Einstellungen verbirgt sich hinter „Apps" zu jeder installierten Anwendung die mögliche Verwaltung. Nach antippen von „Apps" erscheint die unten abgebildete, vollständige Auflistung aller installierten Apps.

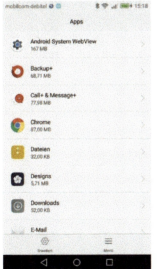

Nach antippen eines Listeneintrages werden die jeweils zur App möglichen Informationen und Optionen angezeigt.

Die Informationen beinhalten Speicherbedarf, Datenverbrauch, Akkuverbrauch und angeforderte Berechtigungen.

Die Optionen reichen neben Vergabe und Entzug von Berechtigungen vom Stoppen über deaktivieren bis hin zum Deinstallieren der App.

Auch das Verschieben auf eine optionale Speicherkarte wird hier vorgenommen.

- Sonstiges / weiteres

Unter „Erweiterte Einstellungen" finden sich grundlegende und deutlich tiefer in das Android Betriebssystem eingreifende Einstellungen.

Hier sollten keine Einstellungen versuchsweise vorgenommen werden, ohne sich über die Auswirkungen im Vorfeld informiert zu haben.

Sie können hier zwar keinen echten Schaden verursachen. Aber die Einschränkung grundsätzlicher Funktionen wie z.B. die Standortbestimmung kann später aber davon betroffenen Apps eingeschränkt arbeiten lassen, ohne dass die Ursache für das als Problem wahrgenommene Verhalten offensichtlich erkennbar wäre.

Von diesen grundlegenden Einstellungen empfehlen wir Ihnen die folgenden Unterpunkte nach den Vorgaben der folgenden Seiten zu überprüfen:

Akkumanager

Sicherheit

Standortzugriff

Sichern & zurücksetzen

Unter „Akkumanager" können Sie festlegen, welche Apps auch im Ruhezustand (Standby-Betrieb) aktiv bleiben dürfen.

Hier gilt es die persönlichen Interessen abzuwägen. Untersage ich beispielsweise WhatsApp aktiv zu bleiben, erhöht dies die Betriebsdauer. Über neue Nachrichten werde ich dann aber erst informiert, wenn das Smartphone wieder aktiviert wird.

Allgemein gilt für alle Apps bzw. das gesamte Smartphone: Je mehr Apps erst bei wieder aktivem Smartphone arbeiten dürfen, umso mehr Rechenleistung wird von diesen Apps dann gleichzeitig im Hintergrund benötigt. Dies kann zu einer vorübergehend deutlich verlangsamten Bedienung führen.

Im Bereich „Sicherheit" achten Sie bitte auf diese zwei Punkte

„Passwörter sichtbar EIN"

damit Sie bei Passworteingaben Tippfehler erkennen können. Da diese nun nicht mehr als „Sternchen" gegen fremde Blicke geschützt sind, achten Sie darauf, Passwörter nicht in Anwesenheit Dritter einzugeben.

„Unbekannte Quellen AUS"

damit Apps ausschließlich aus dem Google Playstore akzeptiert werden. Dies verhindert die versehentliche Installation von möglicherweise schädlichen Programmen.

Der „Standortzugriff" erlaubt dem Smartphone jederzeit exakt festzustellen, wo Sie sich befinden. Viele Apps benötigen diese Information um optimal arbeiten zu können. Die hier vorgeschlagene Einstellung bedingt zwar einen höheren Energieverbrauch, aber auch die höchste Genauigkeit.

Die Einstellung hier zu setzen hindert Sie nicht daran, im täglichen Betrieb die GPS Funktion über die Statusleiste / Schnelleinstellungen wieder situativ aus-/einzuschalten. Aber wenn Sie sie benötigen, erreichen Sie hierdurch die bestmögliche Standortbestimmung.

Unter „Sichern & zurücksetzen" wird Ihr Google Konto als Sicherungskonto hinterlegt und aktiviert. Der Unterpunkt „Automatische Wiederherstellung" sollte aktiv geschaltet sein.

Nur wenn diese Punkte erfüllt sind, können Sie jederzeit sehr schnell ein weiteres Android Produkt in Betrieb nehmen, auf das sich dann Ihre wichtigsten Daten in kurzer Zeit von selbst einspielen und synchronisieren. Dies kann ein Leihtelefon sein, ein generelles Ersatzgerät in der Zukunft,
oder ein zusätzliches Tablet für zu Hause.

Tipp: vollständige Datensicherung am PC

Die zuvor beschriebene Datensicherung über das Google Konto ist nur bedingt vollständig. In der Regel werden die wichtigsten Inhalte wie Kontakte, Kalendereinträge und installierte Apps gesichert. Die von Apps erzeugten Inhalte aber meist nur, wenn es Google Apps sind.

Falls Sie vollständige Sicherungen anlegen möchten, empfiehlt sich eine Anbindung an den PC mit einem speziellen PC Programm vorzunehmen. Hervorzuheben ist hier die Software „MyPhoneExplorer".

Diese bietet auch die Option Ihre Daten umfangreich zu synchronisieren und kann dies sogar automatisiert über das WLAN und Bluetooth tun, falls Sie keine Kabelanbindung bevorzugen.

Die Software MyPhoneExplorer ist kostenfrei im Internet unter der Adresse http://www.fjsoft.at/de zu beziehen und uneingeschränkt nutzbar. Der Programmierer freut sich aber über Spenden, wenn Sie zufrieden sind.

Tipp: Das Google Konto im Browser bedienen

Der Logik des Namens folgend ist das Google Konto eine der zuvor erwähnten internetbasierten Anwendungen.

Die allseits bekannte Internetseite http://www.google.de bietet oben rechts ein kleines Menü an. Wenn Sie sich hier mit denselben Zugangsdaten anmelden die Sie am Mobiltelefon verwenden, können Sie auf dieselben Datenbestände zugreifen.

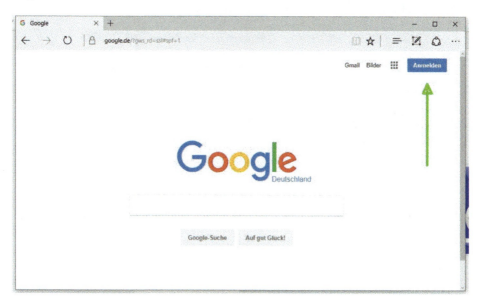

Beispielsweise können Sie hierdurch neue Kontakte und Telefonnummern bequem am PC eingeben. In der Umkehrung können Sie, sofern entsprechend am Smartphone eingestellt, unterwegs gemachte Bilder bequem am PC ansehen und zum Beispiel direkt ausdrucken.

Die Synchronisation dieser Daten erfolgt nach den im Kapitel „Konten" vorgenommenen Einstellungen!

Tipp: Google als Cloud Speicher – ausgelagerte Daten

Ein Vorteil des Google Konto ist die kostenfreie Nutzung von Speicherplatz bei Google. Dieser wird zum einen verwendet, um die in den vorherigen Kapiteln besprochenen Datensicherungen und Synchronisationen zu ermöglichen.

Sie können diesen aber auch ganz gezielt mit Hilfe der App „Google Drive" öffnen, um dort Dateien zu speichern. An Ihrem PC finden Sie nach der Anmeldung im Google Konto unter dem gleichen Symbol dieselben Dateien dann wieder.

Dies gilt auch für alle anderen Apps, wie „Fotos", „Gmail", „Kalender" und auch für die Navigation unter „Maps"!

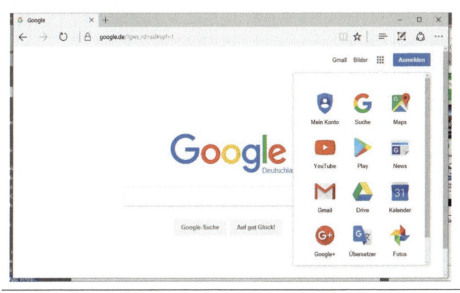

Tipp: Energiesparen / Energie verwalten

Die hohe Leistungsfähigkeit heutiger Smartphones hat einen gestiegenen Energieverbrauch zur Folge. Wenn man die vielen Möglichkeiten intensiv mobil nutzt, kann ein Akku schon nach wenigen Stunden leer sein. Dennoch raten wir prinzipiell den Schwerpunkt auf die Nutzung des maximalen Komforts und der uneingeschränkten Leistungsfähigkeit Ihres Smartphone zu setzen.

Für unterwegs empfiehlt es sich daher, ein zusätzliches Ladegerät für das Auto und einen zusätzlichen externen Akku mitzunehmen.

Falls es doch einmal knapp werden sollte, helfen Ihnen folgende Optionen die Erreichbarkeit zu verlängern:

- das Display dunkler stellen
- den Bildschirm Time Out verkürzen
- die Gestensteuerungen abschalten
- die Smart Screen Optionen abschalten (Gesichtserkennung)
- die Bluetooth Verbindungen abschalten
- die WLAN Verbindungen abschalten
- die GPS Standorterkennung abschalten
- das haptische Feedback deaktivieren (Vibration)
- die Töne ausschalten (auf lautlos stellen)
- die mobilen Datenverbindungen ganz abschalten

Glossar

- Basics:

Android: Marktführendes Google Betriebssystem für Smartphones aller Hersteller
iOS: Smartphone Betriebssystem von Apple das nur Apple nutzt
App: Software-Applikation / auf einem Smartphone installierbares Programm
Icon: statisches Symbol, das auf dem Bildschirm eine App repräsentiert. Durch Antippen eines Icons öffnet sich die zugehörige **App**likation.
Widget: aktives Symbol, das auf dem Bildschirm eine App repräsentiert und gleichzeitig wichtige Informationen oder Funktionen einer App direkt anbietet. Beispielsweise „Taschenlampe ein/aus durch antippen" oder „Aktuelle Wetterlage direkt anzeigen"
Screen: eine von bis zu sieben Bildschirmseiten, die ein Smartphone haben kann
Homescreen: Startbildschirm(seite). Die Hauptseite, der bis zu sieben Screens
Content: zusammenfassende Bezeichnung für alle digitalen Inhalte wie Apps, Bücher, Zeitschriften, Abonnements, Filme und Musik
Google Konto: eindeutiges, einer Person zugeordnetes Identifikationsmerkmal. Alle Dienste und Leistungen sind an ein Konto gebunden. Das Konto kann auf beliebigen Android Geräten genutzt werden und über einen PC Browser eingesehen werden.
Google Play Store: organisiert die Verwaltung von installiertem, gelöschten und zusätzliche gewünschtem Content auf dem Smartphone. Zusätzlich wird über den Google Playstore eine etwaige Bezahlung zentral abgewickelt, so dass z.B. die Content Anbieter keine Kreditkartendaten sehen können. Bezahlter Content kann in der Regel von allen Geräten mit dem selben Google Konto beliebig oft geladen und gelöscht werden.
Rooten: Auf dem Smartphone oder Tablet sämtliche Sicherheitsroutinen des Herstellers entfernen um vollständigen Zugriff auf das ursprüngliche Betriebssystem zu erhalten. (Die Garantie erlischt, das Smartphone wird von allen zukünftigen Hersteller-Updates ausgeschlossen, der Google Playstore entfällt als Verwaltung).

- Hardware

SD-Karte: Speicherkarte, mit der der Speicher des Smartphones erweitert werden kann. In Handys ist die „Micro-SD" Karte gebräuchlich.
SIM-Karte: Subscriber Identifier Module – In Standard, Micro und Nano Größe ausgeführte Berechtigungskarte, die im Smartphone verbleibt. Mobilfunkvertrag und Telefonnummer sind an die Karte gebunden, nicht an das verwendete Smartphone.
Smartphone: umfangreich anpassbares Handy mit großer Rechenleistung, auf dem Apps von Herstellern, Netzbetreibern und Drittanbietern installiert werden können.
Tablet: „Smartphone" mit deutlich größerem Display und angepasstem Betriebssystem. Meist optimiert auf Lese- und Querformat Nutzung und oft sogar auf WLAN Betrieb beschränkt. Kann auch (mobile) Telefonie Funktion haben.
USB: Universal Serial Bus - Universelle Schnittstelle für das Ladegerät und die Datenübertragung per Kabel an Netzteil, Router oder anderen Rechnern (PC / Laptop)

- Funk Standards:

2G / GSM: Mobilfunk Datenübertragung mit max. 14,4 kbit/s Bandbreite
2G / GPRS: Mobilfunk Datenübertragung mit max. 171,2 kbit/s Bandbreite
2G / EDGE: Mobilfunk Datenübertragung mit max. 42 Mbit/s Bandbreite
3G / UMTS / WCDMA: Mobilfunk Datenübertragung mit max. 42 Mbit/s Bandbreite
4G / LTE: Mobilfunk Datenübertragung mit max. 300 Mbit/s Bandbreite
WLAN / WiFi: Wireless LAN – lokale Internetverbindung über (private) Funknetze
Bluetooth: Kurzstreckenfunk für z.B. Sensoren, Headset, Freisprecheinrichtung, etc.
NFC: Near Field Communication / Ultrakurzstreckenfunk für berührungsloses auslesen von Informationen mit wenigen cm Abstand (EC Karte, Ausweis, Handy, etc.)
GPS: Global Positioning System -Standortbestimmung durch Satellitenfunkwellen

- <u>Internet Begriffe</u>

WLAN Router: stellt per WLAN einem mobilen Gerät eine lokale Funkverbindung zum Internet bereit. (Anmerkung: ein normaler Router macht dies per Kabel)
Hotspot: Router der öffentlich oder einer Gruppe (z.B. Mitarbeiter) WLAN anbietet
Cloud: virtueller Daten und Anwendungsspeicher auf Servern im Internet
Flatrate: theoretisch unbegrenztes Datenvolumen für Smartphones und Tablets. In der Praxis wird ab Erreichen eines bezahlten Kontingentes die Bandbreite/Geschwindigkeit so massiv gedrosselt, dass manche Anwendungen nicht mehr nutzbar sind.
(Daten)Roaming: Netzbetreiber lassen die Nutzung durch Kunden anderer Netze zu. Häufigste Anwendung ist mobile Telefonie und Internet im Ausland.
Schadsoftware: bekannt als Virus (schädigt direkt), Trojaner (versteckt Programme), Spyware (spioniert). Ein Schutzprogramm wie ***Norton Mobile Security*** sollte dringend installiert werden!

Die Autoren

Angela und Andy Seidel

MoCoS GmbH, Mobilfunk. Fullservice!

Kontakt: seidel@mocos.de

Wichtiger Hinweis: Die in diesem Buch wiedergegeben Verfahren und Programme werden ohne Rücksicht auf die Patentlage mitgeteilt. Sie sind für Amateur- und Lehrzwecke bestimmt. Alle technischen Angaben und Programme in diesem Buch wurden vom Autor mit größter Sorgfalt erarbeitet bzw. zusammengestellt. Trotzdem sind Fehler nicht ganz auszuschließen. Wir sehen uns gezwungen, darauf hinzuweisen, dass weder eine Garantie noch die juristische Verantwortung oder irgendeine Haftung für Folgen, die auf fehlerhafte Angaben zurückgehen, übernommen werden kann. Für die Mitteilung von eventuellen Fehlern sind wir dankbar.